DÉRIVES :
DE L'EAU, VERS L'EAU

33 PRÀELEGS

PRÀÉLEG :
Poème réversible à évolution lente et glissante.

Un pràéleg est un poème expérimental
Une unique syllabe change entre chaque vers (avec quelques très
légères tolérances), jusqu'à un nouveau vers complètement
transformé (en gras) et le processus recommence plusieurs fois...

Telles des pensées un peu trop libres…
Comme surfer sur le web…
Tels les rencontres et évènements de la vie…

Comme une suite de vagues :
Lutter contre le courant des mots.
Mais toujours arriver quelque part, à bon port…

***

Chaque poème peut être lu à l'envers, du dernier vers au premier.

L'image de la première de couverture est la représentation colorée d'un
PRÀÉLEG. Celle de la quatrième est ce PRÀÉLEG à l'envers.

OLIVIER-GABRIEL HUMBERT

DÉRIVES :
DE L'EAU, VERS L'EAU

33 PRÀÉLEGS

3

Des marécages à la mer si loin, sans oublier les myrtilles et le bonheur !

Marécages,
Marée haute,
Malheur ôte,
C'est leur hôte.
C'est leur train,
C'est un train.
Ah, un train ?
Ah, l'entrain !
Deux lents trains ?
Deux langoustes ?
Deux lentilles ?
Deux myrtilles ?
Oh myrtilles !
Oh ! Miracle !
Un miracle ?
Un oracle ?
Un orage :
Quel orage !
Quel mirage !
Quel mineur ?
La mineur ?
La bonne heure,
Du bonheur,
Du flâneur,
Du flatté,
Qui flattait,
Qui partait,
Qui parlait,
Qui râlait,
Qui ramait,
Et ramait.
Et en mai ?
Et en mer ?
Non, en mer !
Oh, en mer ?
Eau de mer ?
Eau de source !
Au-dessous,
Tes dessous…
T'es trop saoul !
T'es trop loin !
T'es si loin…
Mer, si loin…

4

Un monstre vers un lac ou vers les mers qui souffrent sans pluie.

Un loch, un monstre !
Un flot, un monstre,
Des flots, un monstre,
Des flots, des monstres,
Des flots détruisent !
Des flots dévastent,
Des flux dévastent…
Ce flux dévaste !
Ce flux est vaste !
Ce lac est vaste,
Ce lac est sombre.
Ton lac est sombre,
Ton lac : très sombre !
Tes lacs : très sombres !
Tes lacs sont sombres,
Tes eaux sont sombres,
Tes eaux sont vertes !
Tes eaux si vertes,
Tes eaux sidèrent.
Les eaux sidèrent…
L'estran sidère,
L'estran, si beau,
Les rocs, si beaux !
Quels rocs ! Si beaux !
Quel roc est beau ?
Quel ru est beau ?
Quel ru est sec ?
Un ru est sec,
Un ru à sec…
Vos rus à sec,
Vos rus sont secs,
Vos rues sont froides,
Vos baies sont froides.
Vos mers sont froides,
Vos mers sont mal,
Vos mers vont mal,
Les mers vont mal !
Les mers ont mal,
Les pluies ont mal,
Les pluies ont fui,
Nos pluies ont fui…

Pavillon bleu, carpes, chant, train, livres et goélettes !

Pavillon bleu.
Papillons bleus,
Papillon rouge…
Papy trop rouge !
Crépi trop rouge,
Crépi trop fin…
Crépi ? Enfin…
Crêpes ! Enfin !
Carpes. Enfin !
Cèpes ! Enfin !
Cèpes ? C'est fin !
Cèpes ! C'est oui !
C'est assez ? Oui !
Cétacés ? Non…
C'est à toi ? Non.
C'est pour toi ? Non.
Tout pour toi ? Non !
Toujours toi… Non ?
Toujours ton nom,
Toujours ton art :
Ton jour, ton art.
Ton jour : ton chant !
Quel jour ton chant ?
Quel est ton chant ?
Quel est ce chant ?
Gelé ce champ !
Je l'ai, ce train !
Je prends ce train.
Je prends un train,
Je prends un livre,
Je lis un livre,
Tu lis un livre,
Tu lis mon livre !
Un lit, mon livre,
Un lit de livres.
Un lit de feuilles,
Un tas de feuilles.
Un tas de briques.
Un port, deux bricks,
Au port, deux bricks,
Au port, trois bricks…

5

Des pieds, des yeux, des mains, des corps vers l'estran…

Des rocs en dentelles,
Des rocs en patelles,
Des rocs, cent patelles,
Deux rocs, cent patelles,
Deux pieds, cent patelles !
Deux pieds sans paresse…
Deux pieds, cent caresses,
Deux pieds se caressent,
Deux pieds se câlinent,
Deux doigts se câlinent,
Dix doigts se câlinent…
Dix doigts me câlinent,
Ses doigts me câlinent,
Ses yeux me câlinent,
Ses yeux me calcinent,
Ses yeux me fascinent…
Ses mains me fascinent,
Ses mains me dessinent,
Tes mains me dessinent,
Tes mains me débrident,
Tes mains te débrident…
Tes mains nous débrident,
Nos mains nous débrident,
Nos mains nous déchaînent,
Nos mains nous enchaînent,
Nos bras nous enchaînent…
Nos bras nous envoûtent,
Nos corps nous envoûtent,
Nos corps qui envoûtent,
Nos corps qui se voûtent,
Ah, corps qui se voûtent !
Les corps qui se voûtent,
Les corps qui dévoûtent,
Les corps se dévoûtent,
Les corps se dégagent :
L'estran se dégage…

De larme en larmes…

Une larme glisse,
Une plume glisse,
Une plume tombe.
Chêne : plumes tombent.
Chaînes, plusieurs tombent.
Chaises : plusieurs tombent.
Roses : plusieurs tombes.
Roses : plusieurs noires,
Roses : plutôt noires.
Robe, plutôt noire.
Robes, manteaux noirs,
Robes, châteaux noirs,
Robe et châteaux noirs,
Robe et chapeaux noirs,
Barbe et chapeaux noirs,
Barbe et chapeaux bleus.
Barbiche à peau bleue ?
La biche à peau bleue,
La biche a l'œil bleu,
La biche a l'œil noir.
L'abîme a l'œil noir !
L'abîme est l'œil noir,
L'abîme est l'œil vide,
L'abîme est avide.
L'atome est à vide.
Fantôme est avide.
Fantôme est un vide,
Fantôme est un rêve.
Ce tome est un rêve,
Ce drame est un rêve.
Ce drap est un rêve.
Ce temps est un rêve :
Le temps est un rêve.
Le temps est mon rêve.
Le temps tue mon rêve.
Le temps tue mon feu.
Le temps crée mon feu,
Le temps crée mes feux.
Le temps crée mes larmes,
Un temps crée mes larmes,
Un rien crée mes larmes.

Gare inondée… J'ai bu au Québec.

Ma gare inondée !
La gare inondée !
La mer inondait…
La mairie cédait,
La mairie s'efface
La mer et ses faces…
La mer et ses forces…
La mer et sa force :
Amère est sa force…
Ah merde ! Sa force…
Absurde sa force !
Abus de sa force :
J'ai bu de sa force.
J'ai bu deux sakés,
J'ai bu dix sakés,
J'ai bu, disloqué…
J'étais disloqué,
Tout est disloqué !
Tout est dit. OK !
Tout est dit… Oh, non !
Tout est vain… Oh, non…
Tout est vain… Eaux folles !
Tout est mort… Eaux folles !
Qui est mort ? Eaux folles !
Qui est mort ? Oies folles !
Qui me mord ? Oies folles !
Qui me mord ? M'affole ?
Qui me suit, m'affole ?
Il me suit, m'affole.
Il nous suit, m'affole,
Il nous suit, m'agace.
Il essuie, m'agace.
Il essuie ma jambe,
Il essuie sa jambe,
Elle essuie sa jambe,
Elle étend sa jambe.
Et l'étang sacré ?
Ah, l'étang sacré ?
Ah ! L'étang nacré !
Ah ! Les lacs nacrés !
Ah, ce lac nacré !

Une fuite et des toasts, des cris et des pleurs créent une rivière.

Le lavabo fuit.
Le lavoir, beau, fuit.
Le lavoir a fui.
Le savoir a fui :
Son savoir a fui.
Son savoir alarme.
Son savoir est larmes :
Tout savoir est larmes.
Tout devoir est larmes,
Tout devoir élève.
Tous deux nous élèvent,
Les deux nous élèvent.
Les arts nous élèvent,
Les arts nous soulèvent,
Les arts nous soulagent,
Les arts vous soulagent.
Les arts vous grillagent.
Les arts vous grillaient.
Les arts vont griller !
Les toasts vont griller,
Vos toasts vont griller,
Vos toasts sont grillés,
Ses toasts sont grillés,
Ses toasts sont mouillés !
Ses mots sont mouillés,
Ses mots sont mourants…
Ses mots sont en rangs,
Ses maux sont en vers,
Ses mains sont en verre,
Ses mains créent en vert.
Vos mains créent des vers,
Vos mains créent six vers,
Vos mains font six vers,
Vos mains font six rimes,
Vos cris font six rimes,
Tes cris font six rimes.
Mes cris font six rimes,
Mes cris font civières,
Mes cris, mes civières,
Mes pleurs, mes civières,
Mes pleurs, mes rivières…

6

Des berges jusqu'à la mer qui me traverse...

Ces berges te reposent...
Des berges te reposent,
Des pages te reposent.
Des pages se reposent,
Des palais se reposent,
Des palais se supposent,
Des palais se suggèrent.
Des allées se suggèrent,
Des allées se succèdent,
Les allées se succèdent.
Les algues se succèdent,
Les algues me succèdent,
Les algues me précèdent.
Les vagues me précèdent,
Les vagues me préparent,
Les vagues me réparent...
L'évasion me répare,
L'invasion me répare,
L'invasion nous répare.
L'invasion nous sépare.
L'incision nous sépare.
Décision nous sépare,
Décision nous séduit.
Décision qui séduit,
Décider qui séduit ?
Décider qui s'étonne,
Décider qui t'étonne,
Des idées qui t'étonnent...
Des îlots qui t'étonnent.
Nos îlots qui t'étonnent,
Nos îlots bleus t'étonnent.
Nos halos bleus t'étonnent,
Nos amours bleues t'étonnent,
Mon amour bleu t'étonne,
Mon amour bleu, t'est force,
Mon amour bleu renforce,
Mon amour se renforce.
Haine, amour se renforcent.
Et l'amour se renforce,
Et la mer se renforce,
Et la mer me renforce,
Et la mer me renverse,
Et la mer me traverse...

Pour nous, des gadgets, un bateau et le puits sombre…

Là, pour nous : ah, ces vagues…
Là, pour moi ? Ah, ces vagues !
Là, pour moi, accélère !
Pas pour moi, accélère !
Pas d'émoi, accélère !
Pas d'émoi : ah, colère !
Pas d'émoi : en colère !
Pas chez moi : en colère !
Pas chez moi : décolère !
Pas chez moi : des galères !
Trop chez moi : des galères !
Trop chez toi : des galères !
Trop chez toi : des gadgets…
Trop chez toi : des gâteaux !
Vers chez toi, des gâteaux,
Vers chez toi, des bateaux.
Vernis : toits des bateaux…
Vernis-tu des bateaux ?
Vernis-tu mon bateau ?
Renies-tu mon bateau ?
Renies-tu mon porto ?
Renies-tu son porto ?
Renie-t-il son porto ?
Renie-t-il son portrait ?
Revoit-il son portrait ?
Repeint-il son portrait ?
Repeindra son portrait ?
Tu peindras son portrait !
Tu peindras un portrait !
Tu peindras un abstrait,
Tu peindras un absent…
Tu peindras, impuissant.
Tu peindras un puits sombre,
Tu peindras le puits sombre,
Tu voudras le puits sombre.
Il voudra le puits sombre,
Il vous prend le puits sombre !

De l'estran, aller aux limus.

Toujours l'estran m'appelle…
Les jours, l'estran m'appelle,
Les nuits, l'estran m'appelle,
Les nuits, les mers m'appellent,
Les nuits, la mer m'appelle,
Les nuits, la mer m'attire,
Les nuits, la mer me tire.
Les nuits, la mer me prend.
Les nuits, la mer reprend.
L'ennui, la mer reprend,
L'envie, la mer reprend.
L'envie, la mort reprend,
L'envie, ta mort reprend.
L'envie, ta mort remue,
Ma vie, ta mort remue,
Ma vie tarie remue,
Ma joie tarie remue,
Ma joie fleurit, remue,
Ma joie fleurit et mue.
Ma joie fleurie étonne,
Sa joie fleurie étonne,
Sa voix fleurit et tonne !
Sa voix mûrit et tonne !
Sa voix muée étonne,
Sa voix muée détonne…
Sa voix mûre détonne,
Sa voix sûre détonne,
La voie sûre détonne,
La voie sûre délasse,
La baie sûre délasse,
La baie sûre nous lasse.
Les baies sures nous lassent,
Les baies sures nous plaisent,
Les baies mûres nous plaisent,
Les baies mûres déplaisent,
Les limus redéplaisent,
Les limus te déplaisent.

Des vaguelettes, des douleurs, du froid et enfin la mer !

Des vaguelettes viennent,
Des vaguelettes vont…
Des vagues vertes vont,
Des vagues, vers toi, vont,
Les vagues, vers toi, vont,
Les digues, vers toi, vont,
Les dizains, vers toi, vont.
Les dizains, en toi, vont,
Les douzains, en toi, vont,
Les douzains, en toi, vibrent,
Cent douzains, en toi, vibrent.
Cent douzains enviés vibrent…
Cent douleurs enviées vibrent.
Sans douleur ? En vie ? Vibre !
Sans douleur ? En vie ? Chante !
Sans douleur, la vie chante.
Sans malheur, la vie chante.
Nul malheur, la vie chante,
Nul mal quand la vie chante…
Nul mal quand la pluie chante ?
J'ai mal quand la pluie chante !
J'ai mal quand la pluie tombe !
J'ai froid quand la pluie tombe !
J'ai froid et la pluie tombe…
J'ai froid, hélas. Pluie tombe !
J'ai froid, hélas. Ta tombe…
Effroi ! Hélas, ta tombe…
Effroi, Effroi ! Ta tombe !
Effroi, effroi, ta mort !
Échec, Effroi. Ta mort…
Échec ! J'ai froid. Ta mort !
Échec ! J'ai froid. La mort !
Échec ! J'ai froid. La mer ?
Estran, j'ai froid. La mer ?
Estran, j'ai faim. L'amer…
Estran, enfin, la mer !
Entrant. Enfin la mer…

Un orage passe sur un chevreuil près des travaux et des vagues

Elle peint un orage,
Elle peint un garage,
Elle peint un gamin,
Elle peint son gamin…
Elle voit son gamin
Et il voit son gamin.
Là, il voit son gamin,
Là, il voit son chemin,
Là, il voit le chemin…
Puis il voit le chemin,
Puis il voit le chevreuil,
Puis on voit le chevreuil,
Puis on suit le chevreuil…
Puis on suit les chevreuils.
Puis on suit les chevaux.
Oui, on suit les chevaux.
Oui, on suit les travaux…
Oui, poursuis les travaux !
Oui, pourris les travaux !
Ah, pourris les travaux ?
Ah, pourris tes travaux ?
Ah, pourquoi tes travaux ?
Alors quoi, tes travaux ?
Alors, quoi tes trajets ?
Alors, quoi ? Tes projets ?
Alors, et tes projets ?
Alors, et tes promesses ?
Alors, et leurs promesses ?
Allons ! Et leurs promesses ?
Râlons ! Et leurs promesses ?
Râlons ! Malheur… Promesses ?
Râlons ! Valeurs ? Promesses ?
Râlons : vagues promesses…
Ramons ! Vagues : promesses !
Ramons : vagues prochaines…
Aimons : vagues prochaines.
Aimons : vagues, mes chaînes…

Une goutte de pluie dans du thé vers le lac gris

Une goutte de pluie.
Une goutte de vin.
Une, goûte le vin.
Dîne, goûte le vin !
Dîner ! Goûte le vin !
Dîner : goûter le vin ?
Dîner : jeter le vin...
Dîner : je bois le vin,
Dîner : je bois le thé,
Dîner : je bois mon thé,
Dîner : tu bois mon thé.
Journée : tu bois mon thé :
Jour, nuit : tu bois mon thé !
La nuit, tu bois mon thé,
La nuit, tu veux mon thé.
La nuit, il veut monter,
Là-haut, il veut monter,
Là-haut, il veut son thé.
Là-haut, il veut son slip,
Là-bas, il veut son slip,
Là-bas, il perd son slip,
Là-bas, il perd son short,
En bas, il perd son short,
Embarras : perd son short !
Embarras permis : short...
Embarras ? Permission ?
Embarquer ? Permission ?
Débarquer ? Permission ?
Débarquer sans mission...
Débarquer sans passion...
Débloquer 100 passions !
Débloquer tes passions
Tu bloquais tes passions...
Tu parquais tes passions...
Tu pars sans tes passions,
Tu pars sans tes pulsions...
Tu pars sans tes pulls bleus.
Tu viens sans tes pulls bleus.
Tu viens voir tes pulls bleus.
Tu viens voir un pull bleu.
Tu viens voir le lac bleu,
Tu viens voir le lac gris.
Je viens voir le lac gris.

Joie : la mer moins de feux rouges

Sa joie est vers son Rhône,
Sa joie est vers le Rhône,
Sa joie est sur le Rhône,
Sa vie est sur le Rhône.
Sa vie gaie sur le Rhône.
Naviguer sur le Rhône ?
Naviguer sur le web ?
Naviguer sur le lac !
Navires sur le lac.
Il vire sur le lac,
Il erre sur le lac.
Il erre vers le lac,
Il erre vers un lac,
Il erre vers les lacs.
Il erre vers l'écran,
Il erre dans l'écran,
Il est pris dans l'écran,
Ils sont pris dans l'écran,
Tous sont pris dans l'écran !
Tous sont pris par l'écran !
Tous sont pris par les plages,
Tous sont pris par nos plages,
Tous, surpris par nos plages.
Bien sûr, pris par nos plages…
Bien sûr, tu pars : nos plages…
Bien sûr, tu vois nos plages,
Bien sûr, tu vois nos sites.
Bien sûr, tu vois leur site !
Bien fait ! Tu vois leur site !
Surfer : tu vois leur site.
Surfer : je vois leur site.
Surfer : je vois leur zoo.
Surfant, je vois leur zoo.
Surfant : gelé leur zoo.
Surfant : palais leur zoo !
Surfant : pas les réseaux ?
Enfants ? Pas les réseaux !
Enfants : pas de réseaux !
En mer, pas de réseaux !
En mer : pas de raies rouges !
En mer, pas de feux rouges
La mer : pas de feux rouges ?
La mer : moins de feux rouges.

7

Des flots, du néant d'un génie désirant de très longs canaux.

Les nuits, l'eau, ses flots m'aspirent…
Les nuits, l'océan m'aspire…
Les jours l'océan m'aspire…
Toujours l'océan m 'aspire,
Toujours l'eau « néant » m'aspire,
Toujours le néant m'aspire,
Toujours le néant m'inspire,
Toujours le néant m'invite…
Touffu le néant m'invite,
Touffu le néant m'intube,
Touffu le néant titube,
Je fus… Le néant titube !
Je fus un néant, titube !
Je fus un géant, titube !
Je fus un génie, titube !
Je fuis un génie, titube,
Tu fuis un génie, titubes,
Tu fuis un génie timide,
Tu fuis des génies timides,
Tu fuis des bannis timides,
Tu fuis des bateaux timides,
Tu fuis des bateaux humides.
Tu fuis des autos humides,
Tu fuis des autres humides,
Tu fuis des autres humains,
Tu fuis les autres humains,
Tu fuis les autres chemins,
Tu prends les autres chemins.
Il prend les autres chemins,
Il prend les autres chenaux,
Il prend les autres canaux,
Il prend les traîtres canaux,
Il prend de traîtres canaux,
Il prend de très longs canaux,
Il veut de très longs canaux.
Son vœu : de très longs canaux…

Ma langue au lézard

L'océan parle ma langue.
L'océan parle cent langues.
L'eau, sais-tu, parle cent langues ?
L'eau, sais-tu, parle sans voix ?
L'eau, sais-tu, coule sans voix ?
Je sais, tu coules sans voix…
Je sais, tu coupes cent voies,
Je crie, tu coupes cent voies…
Je crie, tu coupes nos voies,
Un cri, tu coupes nos voies,
Un cri, tu coupes nos vies.
Un cri qui coupe nos vies,
Un cri qui sape nos vies,
Un bruit qui sape nos vies,
Un bruit qui sale nos vies…
Un flux qui sale nos vies,
Un flux qui sale nos corps.
Reflux qui sale nos corps,
Reflux qui sale les corps,
Reflux dessale les corps,
Reflux dévoile les corps…
Reflux : des voies pour les corps.
Reflux : des voies pour ces corps.
Reflux : des voix, tous ces corps.
Regarde et vois tous ces corps.
Regarde et vois tous ces arbres.
Regard : je vois tous ces arbres,
Hagard, je vois tous ces arbres,
Hagard, je sens tous ces arbres.
Hasard, je sens tous ces arbres,
Hasard, je sens bien ces arbres,
Hasard, je sens bien ces plages,
Hasard, je sens bien la plage.
Lézard, je sens bien la plage,
Lézard, tu sens bien la plage,
Lézard, tu es bien : la plage…

D'éclaboussures de marées sinistres en art desséché.

Riment nos éclaboussures :
Riment nos éclats, c'est sûr !
J'aime nos éclats, c'est sûr !
J'aime nos éclats célestes,
J'aime nos éclairs célestes,
J'aime nos soirs clairs, célestes.
J'ai vu nos soirs clairs, célestes,
J'ai vu tes soirs clairs, célestes...
J'ai vu tes soirées célestes,
J'ai vu tes marées célestes,
J'ai vu ta marée céleste.
J'ai vu ta marée si leste,
J'ai vu ta marée sinistre,
J'étais ta marée sinistre !
Quitter ta marée sinistre ?
Qui téta ma vie sinistre ?
Qui téter ? Ma vie sinistre…
Étêtez ma vie sinistre !
Écoutez ma vie sinistre !
Écouter vos vies sinistres ?
Écoutées, vos vies si fortes !
Écouter vos vies, conforte.
Écouter vos vies, console…
Écouter l'envie, console,
Et jeter l'envie, console.
Oui, jeter l'envie, console !
Oui jeter l'ancre, console.
Oui jetez l'ancre : les soles !
Oui jetons l'ancre : les soles !
Oui jetons l'ancre : des soles !
Oui jetons l'ancre : des seiches !
Oui je vois, l'encre des seiches.
Oui, tu vois, l'encre dessèche…
Oui tu vois, l'anse dessèche…
Oui tu vois l'Art se dessèche...
Oh, tu vois, l'Art se dessèche !

Une flaque près d'un manoir, un tambour et du thé.

Une flaque s'évanouit :
Une flaque s'évapore...
Une flaque ? C'est un port !
Une flaque sur un port,
Une barque sur un port,
Fine barque sur un port.
Fine barge sur un port.
Filez, barges sur un port !
Filez, barges vers un port !
Filez bars noirs vers un port.
Filets ? Bars noirs vers le port.
Oh, les bars noirs vers le port !
Oh, les manoirs vers le port !
Oh, des manoirs vers le port !
Oh, des manoirs vers le sud !
Oh, des manoirs vers le nord !
Ah, des manoirs vers le nord ?
Ah, ces manoirs vers le nord...
Ah, ces matins vers le nord...
Ah, ces matins verts du nord !
Ah, ces matins frais du nord !
Ah, ces lointains frais du nord !
Ah, ces lointains bourgs du nord..
Ah, c'est loin... Tambours du nord ?
Ah, c'est un tambour du nord ?
Ah, c'est un tambour ténor !
Oui, c'est un tambour ténor.
Oui, c'est un tambour ? T'es sûr ?
Oui, c'est un tambour ténu.
Dis, c'est un tambour ténu ?
Dix mai. Un tambour ténu...
Dix mai : un tambour. Tais-toi !
Dix mai : un tambour pour toi !
Dix mai : un temps chaud pour toi !
Dix mai : un vrai show pour toi !
Dix mai : ce vrai show pour toi !
Dix mai : ce thé chaud pour toi !
Dix mai : ce thé vert pour toi !
Dix juin : ce thé vert pour toi !
Dix juin : du thé vert pour toi !
Dix juin : du thé vert chez toi !
Dix juin, du thé vert chez nous.
Vingt juin, du thé vers chez nous !

La mer me prend, je nage vers l'ossuaire, tu flottes…

Mer qui me prend, sens ma flamme !
Mer, tu me prends sans ma flamme…
Mort, tu me prends sans ma flamme…
Mort, tu me prends sans ma forme…
Mort, tu me vois sans ma forme…
Mort, tu m'envoies sans ma forme,
Mort, tu m'envoies sans l'informe.
Mort : tu m'envoies : je l'informe.
Mort : tu m'envoies dans l'informe !
Et tu m'envoies dans l'informe !
Elle m'envoie dans l'informe !
Elle m'envoie dans l'impasse !
Elle m'envoit dans l'espace !
Elles mangent dans l'espace.
Elles plongent dans l'espace.
Elles nagent dans l'espace.
Elles nagent dans l'estuaire
Et ils nagent dans l'estuaire.
Oh ! Ils nagent dans l'estuaire ?
Oh ! Ils nageaient dans l'estuaire !
Oh ! Ils nageaient vers l'estuaire !
Oh ! Ils nageaient vers l'ossuaire !
Oui, ils nageaient vers l'ossuaire.
Oui, ils nageaient vers l'eau sombre,
Oui, ils rageaient vers l'eau sombre,
Oui, ils ramaient vers l'eau sombre.
Oui, je ramais vers l'eau sombre,
Oui, je ramais sur l'eau sombre,
Oui, je ramais sur l'Art sombre.
Oui, je rame sur l'Art sombre,
Oui, je rame quand l'Art sombre,
Oui, je rame quand tu sombres,
Oui, je t'aime quand tu sombres.
Mais je t'aime quand tu sombres !
Mais qui t'aime quand tu sombres ?
Mais qui t'aime quand tu flottes ?

Le courant des mots guérit. Nous sourions au port.

Écrire au courant des mots,
Souscrire au courant des mots,
Souscrire au coupant des mots,
Souffrir au coupant des mots,
Souffrir au coupant des phrases,
Souffrir en coupant des phrases,
Souffrir en pompant des phrases,
Souffrir en pompant ses phrases,
Souffrir en rompant ses phrases.
Souffrir en rompant ses chaînes ?
Souffrir : en rompre ses chaînes…
Souffrir ou rompre ses chaînes ?
Souffrir ou rompre tes chaînes ?
Sourire ou rompre tes chaînes ?
Mourir ou rompre tes chaînes ?
Mourir où ronger tes chaînes ?
Guérir où ronger tes chaînes ?
Guérir pour ronger tes chaînes !
Guéris pour ronger tes chaînes !
Guéris pour ronger nos chaînes !
Guéris pour bouger nos chaînes !
Guéris pour bouger nos vies !
Guéris, pour changer nos vies !
Guéris ! Échanger nos vies ?
Guéris et changeons nos vies !
Souris et changeons nos vies !
Souris et changeons de vies !
Souris et changeons de quais !
Sourions et changeons de quais !
Sourions, nous changeons de quai !
Sourions, nous changeons de port !
Souvent, nous changeons de port,
Au vent, nous changeons de port.
Au vent, nous changeons. Au port !
Au vent, nous chantons. Au port !
Au vent, nous partons au port.

Des amants et le génie de l'étang des carpes.

Carpes, tanches et brochets ?
Carpes, loches et brochets.
Soupe : loches et brochets ?
Soupe : loches, un brochet.
Sous les loches, un brochet,
Sous les loches, un crochet.
Sous les lauriers, un crochet.
Sous les lauriers, un crocus.
Sous les lauriers, les crocus.
Sous les poiriers, les crocus.
Sous les poiriers, les croqueurs…
Sous les poiriers, les rockers…
Vers les poiriers, les rockers,
Vers les poireaux, les rockers,
Vers nos sirops, les rockers.
Vers nos cités, les rockers.
Vers nos cités, des rockers :
Verte cité des rockers ?
Verte nuitée des rockers…
Verte nuitée des romans…
Verte nuitée des amants…
Cette nuitée des amants…
C'est la nuitée des amants,
C'est la nuitée des déments,
C'est la nuitée des départs,
C'est la jetée des départs,
C'est la jetée du départ,
C'est l'âge mûr du départ :
Ah, l'âge mûr du départ…
Halage : vie du départ ?
Halage : vis ton départ !
Et là… Je vis ton départ :
Étang : je vis ton départ.
Étang qui vit ton départ,
Étang qui vit ton déni,
Étang qui vit ton génie...

Le gouffre fait danser la mer aux chants des oiseaux.

Toujours ces remous, ce gouffre !
Toujours ces remous, ce flot !
Toujours ces gens mous, ce flot !
Un jour, ces gens mous, ce flot,
Un port, ces gens mous, ce flot,
Un port, ces gens mous, les flots,
Un port, ces jambes, les flots,
Un port, tes jambes, les flots !
Un port, tes jambes légères :
Emportés : jambes légères…
Envie : tes jambes légères,
Envie ! Ô jambes légères,
Envie ! Ô robe légère !
Envie ! Eau, robes, fougères,
Envie : eau, roseaux, fougères…
Envie : eau, oiseaux, fougères,
Envie : eau, oiseaux, fous, grives,
Envie : eau, oies, geais, fous, grives,
Envie : pies, oies, geais, fous, grives.
Envols : pies, oies, geais, fous, grives,
Envols : pies, oies, geais, grues, grives :
Quels vols ! Pies, oies, geais, grues, grives !
Quel chant ? Pies, oies, geais, grues, grives ?
Au champ : pies, oies, geais, grues, grives,
Au champ : pies, oies, geais, grues, merles,
Au champ : pivert, geais, grues, merles,
Au champ : pivert, geais, trois merles,
Au champ : colverts, geai, trois merles,
Au champ : colvert, duc, trois merles,
Au champ : colvert et trois merles,
Au champ : blé vert et trois merles.
Oh ! Le blé vert et trois merles !
Ah ! Le blé vert et trois merles !
Ah, le blé mûr et trois merles ?
Ah, le blé mûr et le merle ?
Ah, le blé mûr et le vent !
Ah, le blé mûr sous le vent !
Ah, le blessé sous le vent…
Ah, mer blessée sous le vent.
La mer blessait sous le vent,
La mer dansait sous le vent.
La mer dansait sous le ciel.
La mer dansait sous ton ciel.

La vie aquatique en concert pour la mer indicible.

La douce vie aquatique…
La douce vie : à quoi bon ?
La douce vie : ah, c'est bon !
La douce vie… Que c'est bon !
La douce crique : c'est bon !
La double crique : c'est bon !
La noble crique : c'est bon !
Sa noble crique : c'est bon !
Sa noble crique : c'est non !
Sa noble crique : mais non !
Ça, notre crique ? Mais non !
Ça, votre crique ? Mais non !
Ça, votre conque ? Mais non !
Ça votre concert ? Mais non !
Loin votre concert ? Mais non !
Loin, votre concert maison ?
Bien votre concert maison !
Bien vos deux concerts maison !
Bien leurs deux concerts maison !
Bien leurs deux desserts maison !
Bien leurs deux desserts ? Osons !
Bien leurs deux déserts ? Osons !
Bien ces deux déserts ? Osons !
Mais ces deux déserts ? Osons !
Mais c'est un désert ! Osons !
Mais c'est un désert ! Eau ? Vie ?
Mais c'est un désert sans vie !
Mais c'est un des lieux sans vie.
Mais c'est un milieu sans vie !
Mais c'est un milieu sensible
Mais c'est l'ami… Lieu sensible ?
Mais c'est l'ami insensible ?
Mais c'est la mer insensible…
Mais c'est la mer indicible…
Chant : c'est la mer indicible…
Chanter la mer indicible…

Galets et pavés dans la mare : tes yeux si loin…

Des galets verts pour ma mare,
Des galets verts dans ma mare,
Des galets sont dans ma mare.
Des galets sont dans ta mare ?
Des palais sont dans ta mare !
Des pavés sont dans ta mare…
Des pavés sont dans ta rue,
Mes pavés sont dans ta rue.
Les pavés sont dans ta rue,
Les pavés sont dans ta main,
Les pavés sont dans deux mains,
Les pavés sont pour demain !
Les pâtés sont pour demain.
Les étés sont pour demain.
Les étés chauds pour demain…
Les étés chauds, secs demain,
Les étangs chauds, secs demain,
Les étangs chauds, secs depuis...
Nos étangs chauds, secs depuis.
Notre temps chaud, sec depuis…
Notre temps trop sec depuis…
Notre temps trop sec sans puits…
Notre temps trop sec sans pluie…
Notre parc trop sec sans pluie.
Notre parc si sec sans pluie !
Nos beaux parcs si secs sans pluie !
Ces beaux parcs si secs sans pluie…
Ces beaux parcs si morts sans pluie…
Ces beaux parcs si morts : viens pluie !
Ces beaux parcs si loin, viens, pluie…
Ces beaux parcs si loins, oh, pluie…
Ces beaux parcs si loin : oh, larmes…
Ces beaux yeux si loin : oh, larmes…
Ces deux yeux si loin : oh, larmes…
Ces deux yeux sont loin : oh, larmes…
Tes deux yeux sont loin : oh, larmes…

Rhône, Rhin, Loire, Garonne
Seine, Rhin, Loire, Garonne
Seine, Rhin, Loire et Garonne
Seine, puis Loire et Garonne
Seine, puis Vire et Garonne
Seine, puis Vire et Daronne
Seine, puis Vire et Danube
Sèvre, puis virée Danube
Livres, puis virée Danube
Livres et virée Danube
Livres et virée d'amour
Libres et virées d'amour
Libres et vivant d'amour
Libres et vivant d'humour
Libres et rêvant d'humour
Libres en rêvant d'humour
Sombres en rêvant d'humour
Son Tarzan rêvant d'humour
Son Tarzan rêvait d'humour
Son Tarzan rêvait d'ubac
Son Tarzan rêvait de Bach
Son Tarzan privé de Bach
Son tari : privé de Bach
Son tari : privé de mer
L'otarie privée de mer
L'otarie rêvait de mer
L'eau qui rit rêvait de mers
L'eau qui rit rêve de mers
L'eau qui rit rêve sans mer
L'eau qui meurt rêve sans mer
L'eau qui meurt rêve sans fleuve
L'eau se meurt : rêve sans fleuve
Il se meurt rêve sans fleuve
Il se meurt, crève sans fleuve
Il se meurt, crétin sans fleuve

8

De plongeons d'un jazzman barbu en vies perdues…

Mon chapeau voit ces eaux, puis plonge !
Ce chapeau voit ces eaux, puis plonge !
Ce chapeau voit ces eaux et plonge !
Ce chaman voit ces eaux et plonge !
Ce jazzman voit ces eaux et plonge !
Ce jazzman boit ces eaux et plonge !
Ce jazzman boit ces gins et plonge !
Ce jazzman boit tes gins et plonge !
Ce jazzman boit tes gins et saoule !
Ce jazzman boit tes gins qui saoulent !
Ce barman boit tes gins qui saoulent !
Quel barman boit tes gins qui saoulent ?
Quel barman boit tes gins qui plaisent ?
Quel barbu boit tes gins qui plaisent ?
Quels barbus ont tes gins qui plaisent ?
Quels barbus ont tes fleurs qui plaisent ?
Quels barbus ont leurs fleurs qui plaisent ?
Quels barbus ont leurs fleurs qui fanent ?
Des barbus ont leurs fleurs qui fanent,
Des barbus ont des fleurs qui fanent,
Des barbus ont des fleurs diaphanes,
Des barbus ont des airs diaphanes,
Des bardes ont des airs diaphanes,
Des bardes jouent des airs diaphanes,
Des gardes jouent des airs diaphanes.
Des garçons jouent des airs diaphanes,
Nos garçons jouent des airs diaphanes,
Nos garçons jouent des airs profanes,
Nos bassons jouent des airs profanes,
Nos bassons jouent des joies profanes,
Nos bassons jouent nos joies profanes,
Nos bassons jouent nos joies promises,
Nos bassons sont nos joies promises.
Nos bagues sont nos joies promises,
Les bagues sont nos joies promises,
Les vagues sont nos joies promises,
Les vagues sont nos vies promises,
Les vagues sont des vies promises,
Les vagues sont des vies permises,
Les vagues sont des vies perdues,
Les vagues pour des vies perdues…

De vagues en vagues...

Les vagues mouraient sur le sable.
Les vagues mouraient sur le port,
Les vagues mouraient vers le port,
Les vagues erraient vers le port,
Des vagues erraient vers le port,
Des vagues errent vers le port,
Des vaches errent vers le port,
Des mouches errent vers le port,
Des mouches errent vers les porcs.
Des moutons errent vers les porcs,
Des moutons errent vers les prés,
Des moutons errent dans les prés,
Des moutons errent dans un pré,
Des chatons errent dans un pré,
Trois chatons errent dans un pré,
Trois chatons meurent dans un pré,
Trois chatons me voient dans un pré.
Trois chatons nous voient dans un pré,
Ton chaton nous voit dans un pré,
Ton chaton nous suit dans un pré,
Ton chaton nous suit dans ce pré,
Ton chat nu nous suit dans ce pré,
Ton menu nous suit dans ce pré,
Ton menu nous suit en ce pré,
Ton menu nous suit en ce lieu.
Ton menu nous prend en ce lieu,
Ton menu me prend en ce lieu,
Ton menu me prend, oh ce lieu!
Ton menu me prend, oh ce goût !
Un menu me prend, oh ce goût !
Un menu me prend, oh quel goût !
Un plat nu me prend, oh quel goût !
Un plat fort me prend, oh quel goût !
Un plat fort surprend, oh quel goût !
Un plat fort surprend, oh dégoût…
Un plat qui surprend, oh dégoût…
Un temps qui surprend, oh dégoût…
L'étang qui surprend, oh dégoût…
L'étang qui surprend, oh des vagues !
L'étang qui surprend a des vagues.
L'étang qui survit a des vagues !

De l'écume, des crabes et des six dauphins vers le large.

L'écume a envahi la route !
L'écume a envahi la plage !
Les curieux… Envahie la plage,
Les furieux… Envahie la plage,
Flots furieux… Envahie la plage,
Flots furieux… Envahies les plages,
Flots furieux envasent les plages,
Flots furieux enclosent les plages,
Flots furieux : éclosent les plages…
Flots furieux écrasent les plages,
Flots furieux écrasent nos plages.
Flots furieux et crabes : nos plages,
Lieus furieux et crabes : nos plages,
Lieus, fumées et crabes : nos plages.
Lieus fumés et crabes : nos plats !
Lieus fumés puis crabes : nos plats !
Lieus cramés puis crabes : nos plats…
Lieus cramés puis crabes : mon plat…
Lieus aimés puis crabes : mon plat,
Lieus aimés sans crabes : mon plat,
Grisets mais sans crabes : mon plat,
Grisets mais sans herbes : mon plat,
Grisets cuits sans herbes : mon plat,
Grisets cuits sans air, c'est mon plat,
Grisets cuits sans air, c'est mon goût !
Grisets cuits sans sel, c'est mon goût,
Grillés, cuits sans sel : c'est mon goût,
Grillés mais sans sel : c'est mon goût,
Grillé mais sans sel : c'est mon thon !
Aillé mais sans sel : c'est mon thon,
Aillé mais sans sel : c'est du thon,
Aillé mais sans sel : oh, du thon !
Ail et mets fin, sel : oh, du thon !
Port et mets fin, sel : oh, du thon !
Port et mets fin, sel. Eau du large…
Port et dauphins, sel… Oh du large…
Port et dauphins : sel vu du large…
Port et dauphins, sel, vus au large…
Port et dauphins, revus au large…
Port. Six dauphins revus au large.
Port si doré, revu au large.

La nuit, les embruns et les peurs sur l'estran.

Viennent les embruns sur l'estran,
Viennent les embruns sur l'esprit,
Viennent les embruns de l'esprit.
Viennent les ans : mort de l'esprit,
Tournent les ans : mort de l'esprit :
Toujours les ans mordent l'esprit.
Toujours les ans mordent. Surpris ?
Toujours les dents mordent. Surpris ?
Toujours tes dents mordent. Surpris ?
Toujours les dents mordent. Surpris ?
Toujours les gens mordent. Surpris ?
Le jour les gens mordent. Surpris ?
Le soir les gens mordent. Surpris ?
Le soir les gens morts sont surpris ?
Le soir, les gens morts sont sans prix...
Le soir, les gens vrais sont sans prix,
Le soir, les gens vrais sont sans filtre.
Le soir, les gens vrais sont sensibles,
Le soir, les mots vrais sont sensibles,
Le soir, les mots vrais sont dicibles,
Le soir, les mots doux sont dicibles.
Le soir, quels mots doux sont dicibles ?
Le soir, quels mots doux indicibles !
Nos soirs, quels mots doux indicibles !
Nos nuits, quels mots doux indicibles !
Nos nuits sont mots doux indicibles...
Nos nuits sont redoux indicibles,
Nos nuits sont redoux invincibles.
Vos nuits sont redoux invincibles,
Vos vies sont redoux invincibles.
Vos vies sont remords invincibles.
Vos vies sont remords : un, vingt, mille !
Vos vies sont remords : dix, vingt, mille !
Vos vies sont mes morts : dix, vingt, mille !
Vos morts sont mes morts, dix, vingt, mille !
Tes morts sont mes morts, dix, vingt, mille !
Tes morts sont mes peurs, dix, vingt, mille !
Tes morts créent mes peurs, dix, vingt, mille !
Tes morts créent mes peurs, dix, vingt, cent !
Tes morts créent mes peurs, dis Vincent.
Tes morts créent mes peurs, dis mon sang.

Les eaux ronflantes sont poèmes...

Franchir le bief aux eaux ronflantes,
Franchir le pont aux eaux ronflantes,
Franchir le pont aux eaux gonflantes,
Franchir le pont aux eaux gonflées,
Franchir le pont aux flots gonflés,
Franchir le pont, ces flots gonflés.
Franchir ce pont ? Ces flots gonflés...
Français ce pont ? Ces flots gonflés...
Ah, c'est ce pont ! Ces flots gonflés...
Ah, c'est ce pont... Ses yeux gonflés...
Ah, c'est ce pont... Ses yeux enflés...
Ah, c'est ce pont... Ses yeux en larmes...
Ah, c'est cela... Ses yeux en larmes...
Ah, c'est bien là... Ses yeux en larmes...
Assez bien, là... Tes yeux en larmes...
Oui, c'est bien là... Tes yeux en larmes...
Oui, très bien là... Tes yeux en larmes...
Oui, très bien ça... Tes yeux en larmes...
Oui, très bien ça... Tes yeux en rient !
Oui, très vrai ça... Tes yeux en rient !
Oui, très vrai ça... Tes amants rient !
Oui, très vrai ça... Tes amis rient !
Oui, très vrai ça... Nos amis rient !
Hein ? Très vrai ça... Nos amis rient.
Un livret ça ? Nos amis rient...
Un livre ça ? Nos amis rient...
Un livre ça ? Nos amis doutent...
Ton livre ça ? Nos amis doutent...
Ton livre : finauds amis doutent...
Ton œuvre : finauds amis doutent...
Ton œuvre figée : amis doutent :
Ton œuvre figée ? Ah, tu doutes...
Ton œuvre figée ? Oh, tu doutes...
Ton œuvre figée ? Oh, tu aimes...
Ton œuvre figée ? Oh, poème
Ton œuvre figée est poème
Ton havre figé est poème
Ton havre : plongée est poème
Son havre : plongée est poème
Son havre en plongée est poème
Son havre en plongeur est poème

La piscine à l'odeur de flan et du bois mystique.

La piscine semble si vide,
La piscine semble si terne,
La piscine sent la citerne.
La pivoine sent la citerne,
Là, l'avoine sent la citerne.
Là, l'avoine sous la citerne.
De l'avoine sous la citerne ?
De là, vois-tu sous la citerne ?
De là, vois-tu sous la poterne ?
De là, voit-il sous la poterne ?
De là, voit-il vers la poterne ?
De là, voit-il vers la lanterne ?
Debout, voit-il vers la lanterne ?
Je bous. Voit-il vers la lanterne ?
Je bous. Est-il vers la lanterne ?
Je bous. Est-il vers les lanternes ?
Je bous. Est-il vers les langoustes ?
L'eau bout. Est-on vers les langoustes ?
L'eau bout. Est-on vers des langoustes ?
L'odeur. Est-on vers des langoustes ?
L'odeur du thon vers des langoustes !
L'odeur du thon et des langoustes ,
L'odeur du thon et des lentilles,
L'odeur du flan et des lentilles,
L'odeur du flan et des myrtilles,
L'odeur du flan et des pastilles,
L'odeur du flan et des passions…
L'odeur du corps et des passions.
Verdeurs du corps et des passions.
Verdeurs des corps et des passions.
Verdeurs des corps, mots des passions !
Verbes des corps, mots des passions !
Verbes des corps, mots de passions !
Vers sur des corps, mots de passions !
Vers sur des cormorans. Passion ?
Vers sur un cormoran. Passion ?
Vers sur un corps mourant. Passions ?
Vers sur un corps mourant. Missions ?
Vers sur un corps mourant. Mystique ?
Mer sur un corps mourant, mystique…
Mer sur un bois mourant, mystique.

Un chat rêve de moi à marée haute !

Au port, mon chat vivait un rêve.
Au port, mon chat avait un rêve.
Au port, mon fils avait un rêve.
Au port, mon fils avait un don.
Au port, mon fils avait des dons.
Au port, mon fils ayant des dons.
Ô, dors mon fils ayant des dons.
Il dort, mon fils ayant des dons.
Il dort, ce fils ayant des dons.
Il lit, ce fils ayant des dons.
Au lit, ce fils ayant des dons.
Au lit, ce gars ayant des dons.
Olivier, gars ayant des dons ?
Olivier, gars ayant un don ?
Olivier, gars brillant : un don ?
Olivier-Gabriel, un don ?
Olivier-Gabriel Humbert
Olive et Gabriel Humbert ?
Olive et Gabriel Hubert ?
Olive et Gabriel hululent :
Olive est gâtée : elle hulule.
Olive est mutée : elle hulule.
Oh ! Steve est muté ! Elle hulule !
Ah ! Steve est muté ! Elle hulule !
Ah ! Steve est muté ! Paul hulule !
Arrivé ! Muté ! Paul hulule !
Arrivé ! Muté ! Il hulule !
Arrivée du thé : il hulule.
Arrivée du thé : il eut chaud.
Arrivée du thé : il fait chaud.
Arrivée du vent : il fait chaud.
Harry veut du vent : il fait chaud.
Jerry veut du vent : il fait chaud.
Marie veut du vent : il fait chaud.
Marie : « Oh, du vent ! Il fait chaud ».
Marie : « Oh, du vent ! Il fait nuit ».
Marée, eau, du vent, il fait nuit…
Marée haute, vent : il fait nuit,
Marée haute, vent, il m'ennuie,
Marée haute, vent, je m'ennuie,
Marée haute, seul, je m'ennuie…

9

Sur la carte, la Lune éclaire ma nuit obscure dans un yawl.

Ma carte est super... La mer est loin !
Ma carte est sûre, la mer est loin,
Ma carte est claire, la mer est loin,
Ma carte est claire, la mer au loin,
Ma lutte est claire, la mer au loin,
La lutte est claire, la mer au loin,
La Lune éclaire la mer au loin,
La Lune éclaire la mer obscure,
La Lune éclaire la nuit obscure,
La Lune éclaire ma nuit obscure...
La Lune éclaire ma vie obscure,
La Lune épure ma vie obscure,
La Lune épure, ma vie se cure,
La Lune épure, ma vie se vide,
La Lune épure, sa vie se vide,
Et l'une épure : sa vie se vide,
Élu s'épure, sa vie se vide,
Élu s'est puni, sa vie se vide,
Effacé, puni, sa vie se vide...
Effacé, puni, sa vie est vide,
Effacé, fini, sa vie est vide,
Évincé, fini, sa vie est vide,
Et vaincu, fini, sa vie est vide,
Et vaincu, fini, sa vie est morne,
Et vaincu, fini, l'envie est morne,
Et vaincu, figé, l'envie est morne,
Oui, vaincu, figé, l'envie est morne,
Oui, vaincu, figé, lent, tout est morne...
Oui, vaincu, figé, lent, tout est vieux,
Oui, vaincu, figé, le tout est vieux,
Oui, vaincu, figé, le yawl est vieux,
Oui, vaincu, rongé, le yawl est vieux,
Trop... Vaincu, rongé, le yawl est vieux,
Trop vécu, rongé, le yawl est vieux,
Trop vécu, rongé, le yawl si vieux,
Trop vécu, ronceux, le yawl si vieux,
Trop véreux, ronceux, le yawl si vieux...

Le long des quai, le bleu-vert de fjord, le lagon et le dragage.

Le long des quais dormaient les bateaux.
Le long des quais, doraient les bateaux,
Le long des quais, doraient les badauds,
Le long des lacs, doraient les badauds,
Le long des lacs, doraient les abdos,
Le long des lacs, couraient les abdos,
Le long des lacs, couraient mes abdos,
Le tour des lacs : couraient mes abdos,
Autour des lacs, couraient mes abdos,
Autour d'un lac, couraient mes abdos.
Autour d'un lac, couraient mes absents,
Autour du lac, couraient mes absents,
Au bleu du lac, couraient mes absents,
Au bleu du lac, coulaient mes absents,
Au bleu du lac, parlaient mes absents…
Au bleu du lac, parlaient des absents,
Au bleu du fjord, parlaient des absents…
Le bleu du fjord parlait des absents
Le bleu du fjord parlait des passants.
Le bleu du fjord parlait : délassant…
Le bleu du fjord parlait des lagons.
Le bleu du fjord, parfum des lagons,
Le vert du fjord, parfum des lagons...
Le vert du fjord ? J'ai faim des lagons !
Le vert du fjord ? J'ai faim sans lagons !
Hiver du fjord : j'ai faim sans lagon.
Hiver du Nord : j'ai faim sans lagon.
Hiver plein Nord : j'ai faim sans lagon.
Hiver plein Nord : j'ai froid sans lagon.
Hiver plaintif : j'ai froid sans lagon.
Hiver plaintif : le froid sans lagon.
Ilôt plaintif : le froid sans lagon.
Ilôt plaintif : le froid du lagon,
Xylo plaintif : le froid du lagon,
Xylo votif : le froid du lagon,
Xylo votif : le froid du dragon.
Xylo votif ? Le froid du dragage…

Extraterrestres, philtres et tankas : tu cries tes tensions.

Les pieuvres sont des extraterrestres !
Tes pieuvres sont des extraterrestres !
Tes lèvres sont des extraterrestres !
Tes lèvres créent des extraterrestres…
Tes lèvres créent des exils terrestres,
Tes lèvres créent des exils terribles,
Tes lèvres créent des exils horribles,
Tes lèvres créent des périls horribles.
Tes lèvres créent mes périls horribles !
Tes lettres créent mes périls horribles.
Tes lettres créent mes périls. Ô mort !
Tes lettres créent mes peines. Ô mort !
Tes philtres créent mes peines. Ô mort !
Tes philtres créent mes peines de mort !
Tes philtres créent ma peine de mort…
Son philtre crée ma peine de mort,
Son « fini » crée ma peine de mort,
Son « fini » est ma peine de mort,
Son « fini » est machine de mort,
Son déni est machine de mort,
Son déni est l'échine de mort,
Son déni est l'épine de mort.
Tout déni est l'épine de mort !
Tout déni est l'épice de mort !
Tout départ est l'épice de mort !
Tout départ est l'épice de vie !
Tout départ est l'épice d'envie !
Tout départ suit l'épice d'envie.
Tout départ suit l'épice d'enfance,
Tout départ suit les traces d'enfance :
Toujours, pars ! Suis les traces d'enfance !
Ce jour, pars ! Suis les traces d'enfance !
Ce jour, j'essuie les traces d'enfance !
Ce jour, j'écris les traces d'enfance !
Ce jour, j'écris les tracas d'enfance !
Ce jour, j'écris mes tracas d'enfance !
Ce jour, j'écris mes tracas... Dolence…
Ce jour, j'écris mes tankas… Dolence…
Le jour, j'écris mes tankas… Dolence…
Le jour, tu cries mes tankas… Dolence…
Le port : tu cries mes tankas… Dolence…
Le port : tu cries tes tankas… Dolence…
Le port : tu cries tes tensions : Dolence…
Le port : tu cries tes tensions. Dauphins ?
Le port, tu perds tes tensions : dauphins…
Le port, tu perds tes tensions… Enfin !

Les phoques ? De gros rats ? Nage !

Là-bas, au levant, des phoques jouent
Là-bas, au levant, des phoques passent
La base, le vent, des phoques passent
La base, le vent, des photos passent
La base, le vent, des bateaux passent
La base : souvent, des bateaux passent
La base s'ouvre, des bateaux passent
Les bases s'ouvrent, des bateaux passent
L'écluse s'ouvre, des bateaux passent
L'écluse s'ouvre, le bateau passe
L'écluse s'ouvre, deux bateaux passent
L'écluse s'ouvre, deux badauds passent
Les roses s'ouvrent. Deux badauds passent
La rose s'ouvre. Deux badauds passent
La rose souffre. Deux badauds passent
La rose souffre. Deux badauds pleurent
La rose souffre. Deux ados pleurent
La rose s'offre. Deux ados pleurent
La rosée s'offre. Deux ados pleurent
Le rosé s'offre. Deux ados pleurent
Le rosé s'offre. Deux ados rient
Le musée s'offre. Deux ados rient
Le musée ? Affreux. Deux ados rient
Le mur est affreux. Deux ados rient
Le mur est à nous ! Deux ados rient
Le mur est à nous ! Des ados rient
Le mur est à nous ! Des aras rient
Le mur est à nous ! Des gros rats rient
Le mur est sous nous : des gros rats rient
Le mur est sous nous : des gros rats nagent
Le mur est sous l'eau : des gros rats nagent
Le mur est sous l'eau : des verrats nagent
Le mur est sous l'eau ? On verra, nage !
Le phare est sous l'eau ? On verra, nage !
Le fanon sous l'eau ? On verra, nage !
Quel fanon sous l'eau ? On verra, nage !
Quel fanon sous l'eau ? On verse, nage !

10

Soupe d'oubli au chabis et au blé.

Soupe amère : il vous voit, vous qui brassez.
Soupe amère : il vous voit vous embrasser.
Sous la mer il vous voit vous embrasser.
Sous la mer je vous vois vous embrasser.
Sur la mer je vous vois vous embrasser.
Sur la mer je louvoie… Vous embrasser ?
Sur la mer je louvoie… Nous embrasser ?
Sur la mer je l'oublie… Nous embrasser ?
Sur la plage, l'oubli nous embrassait,
Sur la plage, l'oubli nous embrassons.
Sur la plage, l'oubli nous encensons...
Sur la plage, chablis nous encensons,
Sur la barge, chablis nous encensons,
Sur la barque, un chablis nous encensons,
Sur ta barque, un chablis nous encensons,
Dans ta barque, un chablis nous encensons,
Dans ta barque, un chablis nous fit Samson !
Dans ta barque, un chablis nous finissons.
Dans ta barque, un chablis nous finirons.
Dans ta barque, un chabis, nous finirons.
Dans ta barque, un chabis, ils finiront.
Dans ta planque, un chabis, ils finiront.
Dans ta planque, un chapeau, ils finiront,
Dans ta planque, un drapeau, ils finiront.
Dans ta planque, un drapeau, ils renieront.
Dans la planque, un drapeau, ils renieront,
Dans la planque, un drapeau, il reniera.
Vers la planque, un drapeau, il reniera,
Vers la planque, un drapeau blanc, reniera.
Vers la planque, un drapeau blanc reliera.
Vers la plante, un drapeau blanc reliera.
Vers la plante, un drapeau blanc se lira,
Vers la plante, un drapeau blanc se verra,
Vers des plantains, drapeau blanc se verra.
Vers des plantains, un pot blanc se verra,
Vers des plantains, un pot d'eau se verra.
Vers des plantains, un trou d'eau se verra,
Vers des hauts thyms, un trou d'eau se verra,
Près des hauts thyms, un trou d'eau se verra,
Près des hauts blés, un trou d'eau se verra…
Près des hauts blés, un trou d'eau se verrait !

Sur la chaloupe bleue de Soulages, il revend la lune rousse et un lac.

Sur sa chaloupe bleue, est-ce un pétrel ?
Sur la chaloupe bleue, est-ce un pétrel ?
Sur la chaloupe bleue, est-ce un pêcheur ?
Sur la chaloupe bleue, est-ce un chercheur ?
Sur la chaloupe bleue, est ce chercheur.
Sous la chaloupe bleue, est ce chercheur.
Sous la chaloupe bleue, dit ce chercheur.
Soulagée ? Loupe bleue, dit ce chercheur.
Soulages est l'outrebleu, dit ce chercheur.
Soulages est l'outrenoir, dit ce chercheur.
Soulages est l'astre noir, dit ce chercheur.
Soulages est l'aplat noir, dit ce chercheur.
Soulages est là ! Place, dit ce chercheur.
Oui l'âge est là, place ! dit ce chercheur.
Oui l'âge est là, place ! dit un chercheur.
Oui l'âge est là, place ! dit un marcheur.
Oui, là, j'ai ma place, dit un marcheur.
Oui, là, j'ai ma place, dit un marin,
Oui, là, j'ai ma place ! crie un marin,
Oui, oui, j'ai ma place ! crie un marin,
Oui, oui, c'est ma place ! crie un marin.
Oui, oui, c'est ma plage ! crie un marin.
Oui, oui, c'est ma plage, rit un marin.
Oui, oui, c'est ma plage, rit un Borain.
Oui, oui, c'est ma neige, rit un Borain.
Oui, oui, c'est ma neige, rit le Borain.
Ah oui, c'est ma neige, rit le Borain.
Ah oui, c'est ta neige ? rit le Borain.
Ah oui, c'est ta neige ! rit le beau-frère.
Alors, c'est ta neige ? rit le beau-frère.
Alors prends ta neige ! rit le beau-frère.
Alors prends ta luge, rit le beau-frère.
Alors prends la luge, rit le beau-frère.
Ah, reprends la luge, rit le beau-frère.
Tu reprends la luge, rit le beau-frère.
Tu revends la luge, rit le beau-frère.
Tu revends la Lune ? rit le beau-frère.
Tu revends la Lune ? rient ses beaux-frères.
Tu revends la lune rousse ? Hé, beau-frère ?
Tu revends la lune rousse et un frère ?
Tu revends la lune rousse et un lac…

11

Bois flotté : notre chemin vers les atolls…

La mer reprend un monceau de bois flotté…
La mer, nous prends un monceau de bois flotté,
La mer nous rend un monceau de bois flotté.
La mer nous rend des monceaux de bois flotté,
La mer nous rend des mondes de bois flotté,
La mer nous rend des mondes de bois hantés,
La mer nous rend des mondes de pins hantés,
La mer nous rend des mondes de pins en kit,
La mer nous rend des landes de pins en kit…
Toi, mer, nous rends des landes de pins en kit !
Toi, vent, nous rends des landes de pins en kit !
Toi, vent, nous rends des landes aux pins en kit !
Le vent nous rend des landes aux pins en kit !
Le vent nous rend des landes, des pins en kit.
Le vent nous tue des landes : des pins en kit.
Le vent nous tue nos landes : des pins en kit !
Le vent nous tue nos lendemains : pins en kit !
Le vent nous tue nos lendemains : vies en kit !
Le temps nous tue nos lendemains : vies en kit !
Le temps nous tue nos lendemains : vies en deuil…
Le temps… Vois-tu nos lendemains ? Vies en deuil…
Le temps… Vois-tu notre demain ? Vies en deuil…
Le temps… Vois-tu notre chemin ? Vies de deuils…
Le temps… Vois-tu nos deux chemins ? Vies de deuils…
Le temps… Vois-tu nos deux chenaux ? Vies de deuils…
Le temps… Vois-tu nos deux chenaux ? Soir de deuils…
Le temps… Vois-tu nos deux chenaux ? Soir de crue…
Le temps… Vois-tu nos deux canaux ? Soir de crue…
Quel temps ! Vois-tu nos deux canaux ? Soir de crue…
Quel temps froid tue nos deux canaux ? Soir de crue…
Quel temps froid : vois nos deux canaux ! Soir de crue…
Quel effroi, vois nos deux canaux ! Soir de crue…
Quel effroi, vois ces deux canaux ! Soir de crue…
Quel effroi ! Vois ces deux canaux… Soir en crue…
Quel effet ! Voir ces deux canaux ! Soir en crue…
Quel effet ! Voir ces deux canaux ! Soir en mer…
Quel effet ! Voir ces deux anneaux ! Soir en mer…
Quel effet ! Voir ces deux atolls ! Soir en mer…
Quel effet ! Voir ces doux atolls ! Soir en mer…
Quel effet ! Voir de doux atolls ! Soir en mer…
Quel effet près de doux atolls… Soir en mer…
Ah, l'effet, près de doux atolls ! Soir en mer…
Ah, surfer près de doux atolls ! Soir en mer…
Ah, surfer près de doux atolls ! Jour en mer…
Ah, surfer près de doux atolls ! Journée mer…